연둣빛 희망으로

분홍색 사랑을 만들어가는

연인들을 위해

詩와 사랑 9집_연둣빛 희망으로 분홍색 사랑을 만들어가는 연인들을 위해

2025년 04월 25일 초판 발행

지은이 | 박경철
발행인 | 박찬우
편집인 | 우 현
펴낸곳 | 파랑새미디어

등록번호 | 제313-2006-000085호
서울특별시 마포구 서교동 357-1 서교프라자 318
전화 | 02-333-8311
팩스 | 02-333-8326
메일 | adam3838@naver.com

가격 10,000원
979-11-5721-206-4 (04810)
979-11-5721-106-7 (세트)

시 와 사 랑 9 집

연둣빛 희망으로 분홍색 사랑을 만들어가는 연인들을 위해

青死 박 경 철

서문

'사랑은 삶을 위한 행위이다'라고 한 톨스토이의 말을 곱씹어 봅니다.

사랑이 삶의 본질적인 행위라고 말하면 많은 사람들이 내게 여전히 많은 토를 달고 덤벼듭니다.

사랑이 인생의 필수 요소이며, 삶을 풍요롭게 만들고 내가 존재하는 이유라고 생각하는 것이 정말 시대를 거스르는 바보 짓일까요?

너무 아파 신음하는 이 시대를 보면서 나는 여전히 사랑의 결핍이 가져오는 폐해가 감사의 마음과 기쁨을 상실한,

아니 일부러 모른 척하며 가면을 쓰고

분장과 위장의 과장 단계를 훌쩍 넘어 환장할 지경까지 이른 인간성의 상실이 아닐까 생각합니다.

그래서… 그럼에도 불구하고…

쭈욱 바보 소리 들을 수도 있겠지만 사랑 빛으로 젖어 드는 세상이 되기를

기도하며 한결같이 사랑을 외치며 노래하고 시를 빚어가는 '바보 사랑꾼 시인'이 되기로 했습니다.

Thanks…

항상 내 힘이 되시며 사랑의 시를 쓸 수 있게 해주시는 하늘 아빠, 여전히 내 안에 찐 사랑꾼으로 자리하시는 천국에 계신 아버지, 아직도 '사랑하는 내 새끼'라고 하시며 안아주시는 95세 울 엄마 영숙 씨, 그리고 내 존재의 이유가 되는 에스더를 비롯한 사랑하는 나의 피붙이들, 무엇보다 시와 사랑 1집부터 9집이 나오기까지 아낌없는 사랑으로 선주문해 주신 귀하고 사랑스런 나의 열혈 팬(?)들과 10년 가까이 촌스런 사랑의 시가 예쁘고 사랑스럽게 태어날 수 있도록 진한 정성을 기울여 주신 파랑새미디어 대표님께 뜨거운 감사를 드립니다.

2025년 봄,

맘 따뜻해지는 연둣빛 사랑이 피어나는

김포 구래동에서…

제1부 한 사람이 있습니다

제2부 덜컹거리는 가슴을 누르며

제3부 그래서 감사하다

특별부록_정영숙 시선(詩選)

제1부

한 사람이 있습니다

쉼표가 있는 삶

아무리 급해도
죽을 만큼 힘겨워도
가끔은 하늘을 보자
하늘은 아프면
아낌없이 눈물을 흘리니까

원하는 걸 얻지 못해도
눈물이 앞을 가려도
가끔은 하늘을 보자.
하늘은 어제도 오늘도
너도나도 안아주니까

마음에 분이 가득해도
가슴이 터질 듯 아파도
가끔은 하늘을 보자.
하늘은 언제나
넓은 놀이터를

늘 준비하고 있으니까

하늘을 보고 살자
하늘처럼만 살자
하늘에서 나를 보고
하늘에서 너를 보자

쉼표가 있는 삶
하늘을 보고 살자
죽을 만큼 힘겨워도

한 사람이 있습니다

멀리하고 싶지 않은 사람이 있습니다
고동치는 마음을 안겨준
가까이 다가가고 싶은 사람입니다

물가에 내어놓은 아이처럼
시선을 떼고 싶지 않은 사람이 있습니다
온 세상을 주지는 않았지만
그냥 가까이하고 싶은 사람입니다

눈물을 흘려서라도 붙잡고 싶은 사람이 있습니다
내 아픔의 흔적을 가져간
무조건 곁에 두고픈 사람입니다

단 하나의 소원이
뭐냐고 묻는다면
어린아이처럼
하늘만큼 땅만큼
사랑하고 싶은 사람이 있다고 말하겠습니다

그리움을 알게 해준
너무 아름다운 사람입니다
숨이 끊어지는 순간
한마디 하라면
여전히 사랑한다 고백하겠습니다

여전히 사랑한다 고백하겠습니다
한 사람이 있습니다.

사랑해

사랑해
다시 말하라고 해도
사랑해
다시 물어봐도
사랑해
다른 말 해보라고 해도
사랑해
뭐냐고 물어봐도
사랑해
무슨 생각이냐고 해도
사랑해
가라고 해도
사랑해
돌아보지 말라고 해도
사랑해
세상 끝이라 해도
사랑해
당신을 사랑하기에
사랑해

전쟁

그리움과의 전쟁
시간과의 전쟁
마음과의 전쟁
눈물과의 전쟁

그리고
내 사랑을 힘들게 하는
가시와의 전쟁

둘만의 사랑을 위한
전쟁다운 전쟁을 하고 싶은
오글한 사랑 전쟁

오늘 그대를 위해
어떤 전쟁도 치를
준비되어 있어요

아시나요

아시나요
잠시라도 못 보면
괴로움의 눈물 고이는 걸
행여 남자가 바보처럼
눈물 보인다고 흉볼까 봐
먼 하늘 바라보며
큰기침으로 고개 돌립니다

깨뜨리고 싶은 고정관념,
남자는 아무 때나 눈물 보이면 안 된다는…
사랑이 지독하면 깊은 마음속
눈물의 폭포수라도 쏟아낼 수 있음을

아시나요
혼자만의 시간이 길어질수록
더 깊게 쌓여가는 그리움
돌아서면 아쉬운 함께 한순간
훨훨 날갯짓으로 멀어져 가면

말 못 하고 고개 숙인 그대에게
미소 가득 담은 한마디
전해 드릴게요

어떡하면 좋아요
나 그대가 너무 좋은데

나 그대가 너무 좋은데
아시나요

사랑에 빠져

눈을 감고 싶다

편안한 소파에 기대어
잠시 눈을 감아
꿈 나래를 펴고.
어제의 기쁨과 환희의 순간을
이어가고 싶다

바람에 실린 구름의 노래는
태양을 숨겨주고
빗줄기 내리고픈
만남의 원리인 것을
단 하나의 사랑으로 알아낸다.

밤이 깊어가는 건
하루의 고통을 덮고
새날의 희망을
응원하기 위함이다

절망의 강이 펼쳐진대도
다가올 미지의 세계에 드러날
깜짝 놀랄 일이
펼쳐지기를 기대하며
가는 시간 붙잡지 않고
다가오는 시간
마다하지 않으련다

나는 지금
사랑에 빠져 있으니까

그래서

아무리 서러워도
시간은 흘러갑니다
그렇게 그렇게
오늘도 저물어갑니다

밤새 내린 비의 흔적
한풀 꺾인 새날을 허락하고
간직해온 끈질긴 열정은
여름으로 달려가는
처절한 전쟁을 맞습니다

다소곳 먼 하늘 바라보기엔
그리움이 가득하여
새날이 달려왔어도
버릴 수 없는
함께했던 단 하나의 사랑을
강렬한 하나 됨의 환희로
열렬한 보고픔으로

마음을 가득 덮습니다

그래서 사람이 눈물겹습니다.

그래서 눈물겹도록 아픕니다.

그래서 아파도 행복합니다.

그래서 아파도 행복합니다

함께했던 단 하나의 사랑을

딱 하나뿐이라면

사계절 가운데
딱 하나만 골라야 한다면
봄을 선택하겠습니다
사랑의 기쁨을 안겨준
소중한 사람을 품었으니까요

봄날이 더이상
초라하지 않은 까닭은,
삶의 희망을 안고
내일을 노래할 수 있기 때문입니다

한마디만 해야 한다면
마음 깊은 곳
촉촉하게 적셔주며
샘솟는 기쁨
충만히 안겨주는
당신을 사랑한다고
말하겠습니다

딱 하나,

하나만을 선택하라면

주저하지 않고

당신을 택할 겁니다

당신을 택할 것니다
하나만을 선택하라며

향기롭게 피는 사랑

밤새 뒤척인 자리
부르다 지쳐 남은
피곤한 몸의 움직임
눈꺼풀 힘겹게 덮여도
지난밤 애타며 함께 한
눈물겨운 사랑이 있습니다

말하고 싶습니다
집착이라 해도 괜찮고요
중독이라 해도 좋습니다
집착인지 중독인지
그런 건 잘 모르지만
가슴 젖도록 아름답고
보고있어도 보고 싶은
향기론 사람입니다

아픔의 밤 지난 아침
꽃으로 피어난 그대

수많은 날이 흘러가도

마르지 않을 향기로

마음을 적시고

심장까지 잠기는

아름다운 미소로

숨 다하는 그날까지

함께할 사람의 꽃으로

활짝 피어날 겁니다

한 날을 천년같이

어제처럼 하늘이 활짝 웃으며
서러운 날들을 배웅합니다

누군가 아파했을 그날에도
여전히 하늘은 푸르렀고.
먹구름 가끔 드리웠어도
몹쓸 어둠의 터널은 아니었습니다

설렘으로 펼쳐질 날
부푼 마음으로
기다림으로 또 하루를 맞이합니다
누군가를 향한 사모함은
눈가의 행복한 미소로 자리하고
아쉬움으로 울먹였던 지난날
소리 없이 견뎌낸 아픔들은
넓디넓은 품으로 안아줍니다

오늘의 밝은 만남으로

행복 가득한 내일의 노래
맘껏 부르며.
하루가 짧았던 날들
기다림이 없었지만
한 날이 천년같이 긴 날은
목마른 사람의 선물입니다

오늘 하루 또 지나면
또 천년 같은 하루를
훗날의 기대감으로 간직하며
살고 또 살아가겠습니다

우리는

참 많이도 아파하며
떠나는 시간을 붙들고
서럽게도 살아간다

인생을 이야기하기엔
마음의 울림이
강물마저 소용돌이치게 하는
칼바람으로 다가와
그냥 눈을 감아버린다

오늘을 살아낼 자신 있냐고
수도 없이 되물으며
무너지는 심장을
악착같이 붙들고 매달린다

다시 살아갈 삶이라 해도
한 번쯤은 후회 없는
푸르른 나무의 열매이고 싶다

언제 어느 곳에서
온몸으로 바람을 맞으며
걷고 또 달려서라도
웃음으로 가득한 만남을
아주 유쾌하게 만들어
잡은 손 놓지 않고
땀방울 철철 흘리면서
쉼 없는 노동으로 품어주리라
꿈이라도 사랑이기에

꿈이라도 사랑하기에
쉼 없는 노동으로 품어주리라

사랑

지나 보니
아프지 않으면
사랑이 아니네요
그립지 않아도
사랑이 아닌 것 같고
가끔 미워지는 게
사랑 같아요

아프면서 그립고
그리운데 밉고
슬프지 않아도
눈물이 흐르는 게
사랑 같아요

꿈길에서
뭐라 말하는데
깜짝 놀라 깨어나
생각하고 생각해도

어떤 말을 했는지
머리를 쥐어짜도
떠오르지 않는 안타까움,
그만큼 그대에게
듣고 싶었던 말 같은데

그 느낌이 사랑 같고
사랑은 언제나
애타게 기다리며
긴장하는 떨림

이유 없어도
그대가 보고 싶고
그리워지는 것

그대여

이 밤도 그대는
한 송이 꽃이 되어
잠 못 이루게 하는 향기로
가슴에 피어난다

용광로의 불꽃처럼
심장에 불을 지르고
온전히 함께하지 못함에
가슴엔 피멍이 들고
함께한 나날들이
추억으로 물들 때쯤
세상은 핑크빛으로 물들고
울음소리도 들리지 않는
꿈나라 길을 달려간다

붉은 노을
한가운데까지
정열적 사랑을

간절히 소망하며

매일

언제나 그랬듯이

보고파지는

사랑스런 그대를

안아주련다.

가슴엔 피멍이 들고
온전히 함께하지 못함에

사랑합니다

사랑이라는 말
너무 흔하다지만
그래도
사랑이란 말 만큼
가슴 뛰게 하고
감동을 주는 건 없어
그건 아름다움의 절정

마음이 허락한
단 한 사람 그대에게
오늘을 선물 받고
내일의 희망을
전부 내어줄 수 있는
언제나 꿈결 같은 행복
사랑합니다

약속

세상은 변해요
모두가 변해요

변하지 않고
늘 내 맘을 적시는
단 한 사람
당신만을 사랑합니다

내 안에 들어와
미치도록 설렘을
심장 터지게
그리움을 주었습니다.
내가 사랑할 수 있는
단 한 사람
당신뿐입니다.
다른 건 모릅니다

고백할 수 있는 한마디
당신을 죽도록 사랑합니다.

행복한 사람

내 안에 늘
그리운 사람 담고 살기에
아파했던 눈가에
생명이 움튼다

눈물짓던 그리움의 자리에서
뜨거운 열기로 피어오르는
사랑의 불꽃은
한 사람을 사랑하고
세상을 다 품는다

차갑고 외로운 길
동행의 손 잡아 주는
따뜻한 손이
행복한 미소를 준다

이 너른 우주 안에서
정성 다해 사랑해 주고픈

아름다운 한 사람이 있다는 건
하늘 향해 가슴을 열고
평생 가난하게 살아도
서럽지 않은 행복이다

오늘도 그대가 있어
나는 정말 행복한 사람

나는 행복한 사람이다
그대가 있어

열린 사랑

하늘이 처음 열린
그날에는
평화와 기쁨이었으리라

때 묻지 않고 산다는 게
얼마나 힘든지 알지 못하고
인생은 수렁에 빠져 허덕인다

그날 이후
가장 보기 좋은 풍경은
사랑이라는 기운으로
차곡차곡 채워져 가는 것

하늘은 빛을 주고
빛은 사랑을 주었다
사랑은 기쁨의 절정을 주었고
기쁨은 눈물의 꽃을 피웠다

반복되는 행복과
고통의 자리는
그리움도 키워가는
감사의 노래인 것을

하늘 아래 내가 있고
하늘 아래 네가 있다
그래서 꽃이 되고
사랑이 되었다
하늘은 문을 활짝 열어
나를 맞이 한다
사랑으로 피어나는
꽃을 보라고

이 아침

이 아침
당신과 함께
눈을 뜨며 행복하게 주어진
하루라는 선물이
축복의 꽃이기를 빕니다

오늘이라는 좋은 날
그리움으로 끝나는
하루라 해도 행복하겠지요
사랑은 여전히
진행 중이니까요

눈물이 남아있어도
행복한 사람이지요.
눈물 속에서 사랑이 자라니까요.
아픔이 클수록
사랑의 파도는
더 밀려올 테니까요

이 아침

눈뜨지 못한다 해도

그대와 함께

깨어나지 않을 사람으로

언제까지나 동행할

행복한 사람입니다

언제까지나 동행할
행복한 사람입니다

사랑에 빠졌나 봐

뜨거운 계절을 배웅하는
마지막 몸부림
끝까지 아쉬움을 남긴 채
가녀린 떨림으로 운다

햇살 따가운 한 낮
푸르른 나무들의 행진
지칠 줄 모르고
신록을 재촉하며 웃는다

작은 공원 벤치
정겨운 소곤거림
졸음을 몰고 오는 두 눈에
분홍빛 부러움으로 안겨 오고
꺼지지 않는
그리움의 꽃을 피우고 있다

아! 여름은 왔고

그리고 간다지만

인연의 줄로 잡아맨

가슴 저린 사랑은

하늘거리는 버들가지 아래 잠들고

어쩔 수 없는 한마디

먼 하늘 향해

아주 천천히

가슴시리게 던진다

'나, 사랑에 빠졌나 봐'

내 맘을 아느냐

바람아
넌 내 맘을 아느냐?
흐르는 땀방울 식혀주는 상쾌함이
온몸을 전율케 하는
충격이라는 사실이
내 영혼을 깊은 잠에서
깨워 준 한 사람의
따뜻한 손길과 기운의
심정이라는 것을

구름아
넌 내 맘을 아느냐?
쓰러질 것만 같은
일사의 고문을
한순간에 덮어주며
회생케 하는 기적이
생사를 오가는
터널에서 꺼내준

한 사람의 포근한
심장으로 덮어준
사랑의 날개와 같은
진실이란 것을

강물아
넌 내 맘을 아느냐?
어떤 불순물도
집어삼키고 흐르는
소리 없이 강하고
가라앉듯 중후한 출렁임이
과거 아픔의
흔적까지도 잠재우며
한가지 마음가짐만
보이게 해주는
한 사람의 넓고 깊은
사랑의 오지랖이라는 것을

바람아···
구름아···
강물아···
너희들은 내 맘을 아느냐?

사랑에게

하얀 달빛이
고개 너머로 걸어갔다

시간 안에서만
볼 수 있는 존재
그 이상을 볼 수 없는
마음의 별빛으로 올라온 그대는
끊을 수 없는 인연으로
오늘 연인으로
고개 넘어 걸어왔다

꿈꾸는 행복은
멀리 있지 않다
아주 소소한 것으로
도란도란 이야기 나눌 수 있는
평범함이다

식사는 했냐고

잠은 잘 잤냐고
어디 아픈 데 없냐고
유치하지만 깊은 관심이기에
뭐라도 해주고 싶은 것이
행복이고 사랑이다

때로는 심장에
언어의 비수를 꽂는다 해도
그 또한 관심이려니
사랑스럽기만 하다
난 유치한 사랑을 예찬한다
당신을 무조건 사랑하니까

사랑의 숙제

아침을 반기는 새소리
상쾌한 하루가 열린다

밤새 이슬 머금은 대지
깊어가는 가을을 말해주고
햇살에 반짝이는 물방울
잠자는 공주를 보여준다

하늘은 여전히 높푸른데
잠에서 덜 깬 두 눈
사랑의 체온을 찾아 뒤척인다

약간의 긴장감 설렘이 좋다
누군가를 기다리는 순간은
어릴 때나 지금이나
살아 있음을 일깨워주는 스승

그 무어든 줄 수 있는 모습은

가슴이 뜨겁다는 증거

오늘을 어떻게 함께해 줄까

내게 주어진 가장 행복한 숙제

가장 행복한 숙제
오늘 어떻게 함께해 줄까

나 그대를

새벽이 부르는 소리
여름을 몰고 가는
서늘한 느낌의 바람 소리.

한바탕 웃고 간
마음의 정인은
저만치 침묵의 상념을
소리 없이 외치고 있다

터질 것 같은 심장
가쁜 숨을 내쉬며
어쩔 수 없는 그리움을
토해내며 뛰고 있다

그대를 가슴에 안고
어제의 설움 부둥켜안은 채
소리 없는 노래를 부른다

그대 내 안에

나 그대 안에 머물러

아침이 밝아오면

오늘 또다시

사랑의 숨결이라 고백한다···

나 그대를···

꽃은 그리움

지난밤 어둠을 밝힌
정열의 불빛이
가슴으로 밀려오는 아침
푸른 하늘 아래로
살며시 고개 내밀며
미소 가득 머금은
보고픔으로 안겨온다

비 맞은 촉촉한 가로수
산들거리는 몸짓으로
지난여름 추억을 노래하고
또 다른 계절에 다시 만나면
더 뜨겁게 안아 주겠노라
바람결에 흔들리며
살며시 눈감아 속삭인다

바라만 보아도
눈빛으로 알아차리며

등 뒤에 포근히 기대고
정겨운 마음 꽃 한 송이
그대 앞에 미소로 선다

그대는 꽃이다
바라만 보아도
꽃은 향기로운 선물.
오늘도 꽃은
그리움으로 피어난다

그대에게로

창문으로 스며드는 황혼
도심을 달리는 버스
하루를 마감하며
지친 몸을 이끌어
안식처로 발길을 재촉하고
뚝 떨어진 태양의 꼬리 위로
슬그머니 희미한 달빛 떠오른다

사람들 휘돌아간 자리
헤어짐 아쉬운 여운이 남아
온기도 주저앉아
눈감아도 보이는 통쾌함이
서먹한 공존으로 남아 있다

한낮의 열기에
시름시름 초록을 잃어가는
자연의 순리가
서럽기도 할 텐데

숨길 수 없는

따뜻한 곳으로의

가르쳐주지 않은 회귀 본능

피어있는 그대로 아름답고

바라만 보아도 향기로운

꽃에게 죽을 힘 다해 달려간다

꽃에게 죽을 힘 다해 달려간다
가르쳐주지 않은 회귀 본능

가을맞이

마지막 여름을 보내려는
힘겨운 풀벌레 소리가
이슬 젖은 마음을 안아주며
눈을 감아 한줄기 추억을 먹는다

혼자만의 식탁이
조금은 외롭고 아팠는데
혼자만의 나들이는
쓸쓸함의 곁들이로
어두워져 가는 뒷골목 모퉁이
희미한 가로등 불빛 아래
고개 숙인 비련의 사람
계절이 여러 번 바뀌어도
언제나 그 자리에
우뚝 서 있는 나무가
무척이나 부럽기 만하다

이 밤, 심장이 부서지라고 사랑하고픈

희망을 노래하는
내 마음의 여심
가을이 깊어갈수록
그리움에 젖은 눈빛은
누가 말하지 않아도
이미 사랑을 품고 있다
언제까지나
언제나 그랬듯이

이미 사랑을 품고 있다
누가 말하지 않아도

새벽에 부르는 노래

한 잎 두 잎
갈색 옷으로 갈아입는
조금은 지쳐 보이는
여름을 견뎌낸 나무
먼저 떨어져
거리를 뒹구는 친구에게
마지막 남은 초록을 태우며
푸르름을 더해가는
하늘 향해 노래한다

언제나 그랬듯이 계절은
한 번도 아픈 얼굴
살짝 숨기고 바뀌는데
사람들은 그때마다
가슴을 쓸어내리며
가는 세월을 서러워한다

얼마나 더 아프면

웃을 수 있을까
얼마나 더 울어야
깊은 잠을 이룰 수 있을까
심장을 풀어헤치며
쓰디쓴 눈물을 닦는다면
초연히 내일을 맞을 텐데

꽃을 보며 설레고
눈물을 흘린다는 건
아무도 가질 수 없고
넘나 볼 수 없는
이 세상 하나뿐인
나만의 축복이리라

꽃은 이 새벽에도
사랑으로 피어나기에

바람 불어 좋은 날

이렇게 좋은 날이 있을까
더위 먹은 지난여름
까칠한 모습은
가을을 맞이하는
풍성한 마음가짐으로
너저분한 상념을 날려 버렸다

맑고 밝은 별무리를
눈에 담은 지 오래지만
오늘처럼 눈망울이
개운한 날에는
금방이라도
검은 하늘 헤치며
은빛 금빛 가루를
뿌릴 것만 같다

울어도 울어도
가슴 한편 씻겨지지 않은 건

마음껏 피어나 지치지 않는
웃음꽃으로 씻고
소리쳐 불러도
대답 없는 추억의 향기는
나뭇잎 부대끼는
바람의 손길로 감싸 안으면
깊어가는 밤도
그리움에 젖은 노래 한 자락,
바람불어 좋은 날
흥겨움으로 날아오른다

이렇게 좋은 날
바람불어 좋은 날
사람으로

어둠 내린 가을 저녁

푸르름을 노래하던
초록의 계절이
어울리지 않는 시간이 되어
옷 갈아입고 이미 다가와
갈색의 추억을 감상하고 있다

물결 하얗게 부서지는 바다에서는
강렬함과 시원함에 기대었는데
바삭거리며 밟히는 낙엽을 보며
손잡고 가로수길 걷고 싶어 하는
계절이 바뀔 때마다
익숙해진 적응력은
흰 눈 내리는 겨울이 온다 해도
변함없이 눈 덮힌 숲속
오두막에서 불 밝히며
얼어붙은 시간을 녹여갈 게다

지금, 이 순간도 사진을 보며

한 사람만을 애타게 갈망하는
사내의 가슴은 어둠과 함께
그리움의 날개를 활짝 편다

얼어붙은 시간을 녹여갈 게다
흰 눈 내리는 겨울이 온다 해도

당신 안에 있는 나

발길 닿는 곳에 머물러
기지개 활짝 펴며
눈 붙히지 못한 하루는
늘어지게 긴 졸음을 재촉하고
불어오는 바람에 꿈나라를 부른다

기운 다 빼고
잎새 하나 둘 버리는 나무는
조금씩 벌거숭이로 변해가고
다가올 계절을 기다리고 있다

햇살의 힘이 약해지고
바람의 힘이 더 강해지면
지금 그대로의 모습을
거울에 비추며
모든 걸 내려놓고
맡기는 삶을 살겠다고
콧노래라도 불러줄 거 같다

한 발짝 두 발짝
오솔길 따라 걸으면
숲 아래로 내리는 빛살이
습기 머금은 음지를 말려주며
이유도 묻지 않고
온 숲을 포근히 안아준다

숲은 어느새 햇살의 품에 안기고
햇살은 하늘에 안겨
내 안에 당신은 그렇게 살아있다
난 당신 안에
늘 이렇게 웃으며

들길을 걸으며

시골길이 가고 싶었는데
파란 하늘과
들풀이 어우러지는
고향 같은 들녘을 만났다

도시의 찌든 공기와
숨통을 막는 고통의 자리를
벗어난 게 감격스럽다

이대로 자연을
벗 삼아 살 수 있다면
마음고생 내려놓고 가벼울 텐데···
사랑하는 이 얘기하던
그 어느 곳이 아니라 해도
정감 넘치는
여유로운 삶일 텐데

자연에서 온 삶은

자연으로 가는 것이
원초적 행복의 조건이리라

하루라도 일상을 벗어나
마음 편히 하늘을 보고
숲을 보며 시내를 건너
세파에 찌든 옷
벗어 던지고 달리고 싶다
아낌없이 사랑하고픈 그대와

제2부

덜컹거리는 가슴을 누르며

난 바보입니다

오늘도 바보가 되었습니다
그대 없는 길을 지나며
그대를 보았으니까요
남들은 모를 테지만
나는 압니다
내가 오늘 바보가 된 것을

돌아오는 길에 또 한 번
바보가 되었습니다
여전히 그대가 없는 걸 알면서도
그대 생각하며
그대를 보았으니까요
여전히 남들은 모를 테지만
나는 압니다
어쩔 수 없는 바보라는 사실을

그래도 난 바보가 좋습니다.
바보라도 되지 않으면

너무 보고파
마음의 병이 될 테니까요.
그래서 나는 오늘도
바보로 남으려고요

그대와 꽉 찬 사람으로
함께하는 날까지
누가 뭐래도
바보로 살아갈 겁니다
그래야 그리움이
정말 아름다울 테니까요

나는 오늘도 바보입니다
당신 때문에

마음으로 부르는 노래

불덩어리 심장 부둥켜안고
송글송글 땀 흘리며 산에 오릅니다
함께 웃을 때는 몰랐는데
그대 빈자리 지금 아쉬움 가득입니다

한순간도 떨어지기 싫은 날들인데
지금 혼자 산을 오릅니다
하늘 향해 웃음 짓고
땅을 향해 노래하는
부푼 가슴을 드러내도
여전히 마음은
잔잔한 호수 같습니다

지난 아픔의 날들 때문에
더 큰 사랑을 다 줄 수 있었기에
더 주지 못하는 안타까움이고
늘 미안한 마음이었는데
오늘은 숲을 보며 고백합니다

내 마음을 다 가진 사람이기에
무엇으로도 대신 할 수 없는
내겐 아가를 품고 있는
따뜻한 엄마의 가슴입니다

누가 무슨 말을 한 대도
이미 그대는 내가 되어 있기에
땀 흘리며 힘을 써봐도
깊은 자리 운명의 뿌리는
꼼짝하지 않습니다

산에서 내려갈 때는
더 푸르른 마음으로
당신을 더더더
꼬옥 안아줄 겁니다
지금 내 영혼이
당신을 노래하고 있으니까요

그런 거야

햇살 푸른 하루의 시작
살랑이는 바람과 함께 달리며
연인을 멀리 두고
그리움의 숨을 고른다

생활에 지친 인생들이
꿈나라를 갈구하며
또다시 쓰러지고 싶지 않은
희망을 품을 때
어제가 그랬듯
오늘도 그럴 것이라고
애써 웃음 지으며
기지개 펴는 마음은
나를 살리게 하는
하늘이 내려준 선물

생각을 앞질러 걱정하는
내일 일들이

나만이 품어야 할
연정의 한가운데 서서
여전히 그리웠노라 노래 부른다

그래
삶이 그런 거야
그래
사랑이 그런 거야

사랑이 그런 거야
삶이 그런 거야

덜컹거리는 가슴을 누르며

여름 느낌을 벗어난 지
오래지 않은데
가을 정취를 안아보기도 전에
추억의 노래를 재촉합니다

행복하다 말할 수 있음은
사랑을 느끼며
한 사람 한 마음 향한
애절한 그리움의 열망 때문입니다

조급한 마음으로
향기로운 열매가 그리운 건
늘 그 자리에 똑같이 나누고픈
두 사람의 열정 때문인 것을

남몰래 한 사랑처럼
갈색 잎 언제 물들었는지
깊어가는 계절을 눈물로 부릅니다

비바람아 올 테면 와라

폭풍우 속에서

사랑의 실체는 선명하게 안기리니

당신은 성숙한 사랑의

뜨거운 열매로

이미 내 안에 있습니다

사랑의 실체는 선명하게 안기리니
비바람아 올 테면 와라

여보라는 이름으로

여보~

황혼이 뉘엿 기울어갑니다

하루가 길다고 생각되는 건

늘 옆에서 손잡지 못함이고

하루가 짧다고 생각되는 건

손잡은 시간이 빠르게

지나가기 때문입니다

여보~

계절이 바뀌는 길목에서

함께한 날들이 웃음 짓는 건

그대의 눈빛만으로도

뜨거운 가슴을 가졌기에

다가오는 갈색의 날들은

더 황홀한 축제를

꿈꾸기 때문입니다

여보~

부르기만 해도 설레는 심장은
불러줄 때 터질 듯 더 쿵쾅거리고
모든 짐 내려놓고 여행 떠나는
너무 간지러운
행복한 날들의 꿈이라고
그대의 귓가에 속삭이고 싶습니다

여보~
어제가 힘들었어도
오늘이 새로운 것은
언제나 그대 있으므로
살아갈 힘과 의미가
생겨나기 때문입니다.

여보~
사랑하고 사랑하고
또 사랑합니다

운명 그리고 숙명

지금
살아 숨을 쉬는 건
거스를 수 없는 숙명이겠죠

누군가의 운명으로
오늘
숙명적인 사람을
운명적으로 노래합니다

누가 그랬던가요
숙명은 피할 수 없지만
운명은 피할 수는 있다고
하지만 오는 건 막을 수는 없다고

당신과 나,
운명적인 만남이었지만
어느새 숙명이 되었네요

운명이든 숙명이든
그보다 더 높은 곳
당신과 함께 누리는
지금 함께함의 사랑이
그 어떤 운명도
그 어떤 숙명도
다 이겨낼 수 있다고

그래서 난 지금도
당신을 사랑합니다

가을 애상

탁 트인 상쾌한 시야
어린 시절 산길 오르며
땀을 식혀 주었던 바람에
숨차며 설렜던 감흥보다
어른이 되어
상념 가득 발걸음 옮기며
마음 깊은 잔잔한 호수에
짙은 사랑의 물감을 풀어놓는다

오색으로 물드는 잎새들
죽음보다 강한
그리움의 밀물을 안겨주고
그칠 줄 모르는 심장의 파열음
달려가는 시간을 하늘로 보낸다

방황의 날들 다독여
뜨거운 생명의 품으로 안아주고
홍조 띤 가녀린 얼굴

두근대는 가슴에 살며시 기댄다

눈가에 이슬 맺혀

어느새 꽃과 함께 하나 되었다

가을은 바람과 함께 꽃을 피운다

가을은 바람과 함께 꽃을 피운다

오색으로 물드는 잎새들

그립고 그립고 또 그리워

짧아진 해의 길이
가로등 불빛
한결 분위기 있게 색칠하고
바람에 흔들리는
잎새도 그렇고
볼에 부딪히는 바람결이
애심을 자극합니다

밤이 점점 길어질수록
별을 헤며
손잡아 먼 길이라도 걸어
달빛 부서지는 숲에서
이야기꽃 피우면
그 무엇과도 바꿀 수 없는
그곳이 행복한 놀이터입니다

사람이 변하는 것은
마음이라고

눈에 보이는 것들이

머리를 흐리고

하나밖에 모르는

순수함을 비웃고

이 세상은

그저 그렇게 살면 된다고

말 같지 않은 말을 침 튀며 해도

이 몸이 죽어 흙이 되기까지

하나밖에 모르는

바보로 살아갈 겁니다.

하나밖에 모르는

사람이니까요

아침, 사랑으로 열리며

새벽이슬 밟으며 달려와
어느새 떠오른 붉은 태양
싱그러운 시작을 알려주는
가을 아침 그리움의 향연.

구름 한 점 없는 새파란 하늘
차창 밖으로 보이는 하늘은
짙은 겨울 바다 하얀 수채화처럼
말없이 가슴 활짝 열어
새벽을 깨우며 달려온 손님
반갑게 포옹한다

바람에 흔들리는 정원의 나무들
깊어지는 계절을 채비하며
갈색 외투 갈아입으려
날아드는 새들 반겨주고
한 조각 그리움의 상념
가슴 한구석 부둥켜안고

사랑의 열병 앓아가며
땅끝까지 달려가고픈
정성스런 충동을 불러온다

사랑은
말해주지 않아도
여기까지 숨차게 달려와
있는 그대로의 느낌만으로도
깊은 그리움의 골을 찾아
길 떠나며 노래 부르는
고독한 순례자의 모습이리라
사랑하기에

석양을 바라보면서

하늘 붉게 물들이며
넘어가는 태양
지평선과 마주하며
물감을 풀어 놓는다

한낮을 지배하던
주황 발광이었는데
저녁을 준비하는 자태
진홍으로 변신하고
서서히 밀려오는
졸음 곁으로 다가선다

태양이 기울어도
시간의 끝이 아니듯
오늘의 그리움이
영원한 이별은 아니다

더 화려한 빈 잔의

축배를 위한 준비로
다가온 어둠을
빨리 잠재워야 하리

하루가 지나
또 하루가 밝아오는
그리움의 크기도
더 커지게 되는 조율

희망을 기원하는 해 오름도
낭만을 노래하는 해 떨어짐도
사랑을 품은 연인에게는
한결같은 연모
꽃은 오늘도 석양을 바라보는
수줍은 소녀로 다시 태어난다

놀아보자

지쳐 있다면
그냥 널브러지자
그래도 피곤하면
누워 하늘을 보자
그래도 힘들면

소리 한번 질러보자

깊어질 가을이 그리우면
두 손 잡고 산으로 가자
현실이 따분하면
에스프레소 한 모금 마시자
그래도 아쉬움이 있다면
어깨동무하고 바다로 가자

발길 머무는 곳에서
다 내려놓고 맘껏 웃고
그냥 놀아보자

그대와 함께하는 인생
그렇게 맛있고 멋있게
어루만져 주는 거야
사랑하니까

그대와 함께하는 인생
그냥 놓아보자
발길 머무는 곳에

살아가는 건

살아가는 건 설렘
그대를 마음에 담아
정성스레 다독이며
터질듯한 풍선으로 날려주고
하늘거리는 남은 잎새에
마음 깊은 곳
추억의 징표로 묻어둬야 해

살아가는 건 목마름
달려온 시간이
함께한 둘만의 공간을
웃음으로 책장을 넘기며
두 손 잡아 몇 번이라도
다시 달려가고픈 행복이라고
끝없는 노래를 불러줘야 해

살아가는 건
희망의 목마름 느끼며

황홀한 꿈결 같은 동행으로
하루를 천년같이 키워주며
비를 품은 흐린 하늘에
빨갛게 터져버린 심장을
사랑이라는 이름으로
꾸밈없는 수채화로 그려야 해

그대 그리우면
아낌없이 부르며
숨이 멎도록 안아줘야 해

사랑은 눈물입니다

여름을 떠나보내야 하는 시간
푸른 하늘을 가득 안아줍니다

길고 긴 태양의 계절을 울부짖으며
가녀린 나뭇가지
바람에 떨고 있을 때
한 조각 구름으로
노래 부르며 떠도는
눈물에 젖어 달려가고픈
땅거미 길게 드리운
미소 띤 그리움입니다

늘 곁에 있어도
내일 또 함께할 기대로
황혼이 물들어가는
고요한 침묵 속에서
애끓는 심정은
누가 가르쳐 주지 않아도

애절하기만 합니다

알았습니다.

사랑은 무슨 이유를 말해도

눈물의 합주곡이라는 것을

눈물의 합주곡이라는 것을
황혼이 물들어가는
내일 또 함께할 기대로

가을 사랑

하늘에 그림을 그립니다
나만 알아볼 수 있는 그림을
화폭에 들어가
잠들어도 좋을 기억으로

생각나겠죠
가을 숲 단풍
절정으로 타오르던 날
함께 꿈을 나누며
산에 올랐습니다
 눈부시게 푸른 하늘이
금방이라도 바닷물을
토해낼 것만 같아
두 팔 벌려 눈 감으면
시원한 바람
한 아름 안깁니다

거리에 뒹굴기 시작하는

은행잎이 예뻐 보이는 건
따뜻한 품에 가득 잠기고
노랑 물감 가득한 세상
펼쳐지기 때문
하늘거리는 마지막 잎새
긴 울림을 여운으로
가을을 노래합니다

가을은
사람의 계절을 맞이하는 화가
붓 한번 뿌릴 때마다
출렁이는 물결은
그리움을 수놓는 자유로움

사람은 계절을 한 계단 오릅니다
노랑 저고리 풀어 헤치며

아픔 눈물 사랑

누가 그랬습니다
사랑은 아픔이라고
아픔이 나쁜 것만은 아닙니다
전부를 순정으로 준 것은
생명을 숨 가쁘게 해준
소중한 보석이기에
아픔은 환희의 땀방울

누가 그랬습니다
사랑은 눈물이라고
눈물이 나쁘지만은 않아요
아픔을 묻어주는 눈물은
사랑의 진미를 아낌없이 주는
생애 최고의 걸작품이기에
눈물은 아름다운 보석

아픔과 눈물로 자라나는
가슴 절절한 사랑

꽃피움으로 향기를 토해내는 마술사
사랑은 이 밤도
아픔과 눈물 속에서
진하게 익어갑니다

가슴 절절한 사랑
아픔과 눈물로 자라나는

사랑은 축제

하늘이 우는 우리 사랑은
아침 햇살 데려오는
어둠의 소야곡으로
빛을 보아도
눈감아 버리는 그리움의 눈물

땅덩어리 갈라져
힘겨운 목마름 하소연에
소나기 한바탕 내려준
푸르른 나무의 춤사위
여름의 축제

마음이 얼어붙어
함께 찬바람 친구로
호호 두 손 녹여가며
추억 도란도란 나누던
옷깃 고쳐 세우고
따스한 품 찾아

사람의 심장에 녹아버린

바보 같은 사람

꿈으로 초대하는 절절한 노래

겨울의 축제

겨울의 축제
사랑의 심장에 녹아버린
따스한 품 찾아

사랑에게

긴긴 시간을 보내고
그대의 흔적을 보았습니다
온종일 그 어디에서도
보이질 않았는데
밤이 깊어가는 이제
그대의 숨소리를 느낍니다

말하지 않아도
느낄 수 있음이 행복이며
마음을 놓을 수 없었던 하루
그대의 따스한 한마디로 치유되는
아름다운 밤입니다

지친 숨 몰아쉬며 돌아서는
긴긴 밤 사랑의 노래를 들으며
내일 다시 그대와
새로운 기쁨을 누리겠지요

오늘 밤
어쩔 수 없는 바보라고 해도
보고 있어도 또 보고 싶은
뜨겁고 황홀한 사랑입니다

보고 있어도 또 보고 싶은
어쩔 수 없는 바보라고 해도

들켰어요

밤이 새도록 적막이라는
외로움의 숲을 달려온
가슴 할퀸 자리에
그대의 짧은 흔적이 온기 되어
상처를 싸맵니다

모른 척
못 본 척
못 들은 척
아니, 안 들은 척해도
마음은 이미
꺼풀을 벗어 버렸으니까요

당신 마음
나한테 들켰어요

석남꽃 사랑

삶은 기적이라고
그래서 지금
눈물 한 방울이 필요하고

그리움은 연정이라고
그래서 지금
석남꽃 머리에 꽂고

그때 하지 못한 말
그래서 지금
연분홍 가슴으로 안아주고

단 하룻밤의 심정深情은
서정주의 석남꽃도
노회찬의 소연가도
죽음으로도 뗄 수 없는
5월의 사랑이다

*신라 설화를 모은 〈수이전〉에서 최항과 한 여인의 사랑 끝판왕 설화.

약속

하늘이 부르면
못 간다 말해야지
벌써
향기에 취해 잠들었으니

손짓만 남기고 숨어버린
지난날
지독하게 가을 타던
수줍음 그대로

아무리 처절해도
약속은 지켜줘야지
좋은 날
얼굴 내밀어 볼 거라고

봄날엔 설렘으로
여름엔 그리움으로

왜 날

하늘을 흘겨 본들
비 내림으로 입막음하고
먼지 뒤집어쓴
느티나무 잎새 씻어주니
그리움이 뭔지 알 듯

그래도
그래도
부르고 싶은 노래
너는 나에게
나는 너에게
사랑이 뭔지 알 듯

몸도
마음도
간지럽기만하다
오늘은 본능이다
부끄럽지 않은
비 내림으로

사랑을 품다

그리움 없는 청춘은
인생의 향기를 모른다

불꽃만을 태우고
열정만을 꿈꾸니
약속이 눈물로 웃는다

사랑은 필요가 아닌
충분한 울림

긴긴날 견뎌온
껍질 벗겨 수액 흐르면
깊은 샘 멈추지 않는
생수로 마시고
꼭 안아준다
살아서 행복하고
죽어도 좋다고

빗소리

나뭇잎 흔드는
옷고름 푸는 소리
조심스런 바스락거림
아스팔트 때리는
살갗 부딪히는 소리
절정의 춤사위

그 어느 소리라도
말로 다할 수 없는
한계를 경험한다
사랑하기 때문에

하늘과 바람과 바다와 시

하늘이 웃는다
칙칙한 구름 몰아내고

바람이 신났다
태풍이 도망갔다고

바다가 춤춘다
속절없는 여름이 간다고

시는 태어난다
어제의 아픔 안아주고
오늘의 시름 노래하며
내일의 눈물 안녕으로
끝까지 사랑 하나로

밤의 연가

얼마나 많은 날들을
꽃향기 잃어버린 채
손에 힘을 주며 울었던가

환희도 허무함의 끝도
짧은 탄식으로 잠들고
차라리 깨어나지 않을
끝없는 밤을 원해도
더 쌓여가는 그리움

애원의 한숨마저도
적막한 공기를 가르며
차라리 꿈길에서
사랑을 안아준다

만남

먹구름 아래
저녁 골목길 가로등
어젯밤은 두려움이었지만
햇살을 품고 넘실거리며
하늘과 맞닿은 수평선
솜사탕 부럽지 않은
뭉게구름마저 안았다

태양의 눈* 노래가 좋다는
서른두 살 아들 같은 청년에게
이제는 자기 주도적으로
절대자와의 사귐을 권한다

하늘의 별을 바라보고
비둘기호에 승차해
한 걸음 물러서서
늦잠이어도 좋을
봄 같은 사람의 꿈을

여름처럼 뜨겁게 꿔보라며

진심의 눈과 마주쳤다

*영화 〈실미도〉 OST 조용필 노래
코로나 시대 선별검사소에서 함께 일했던

제주 청년을 찾아가 만났다.

결정

지구가 달려온 날들은
지독하게 외로움 타던
쓸쓸한 별 하나에게
눈물 한 방울 선물해 주고
밤의 안식을 노래합니다

잊힌 기억은
달빛 젖은 그리움 따라
하나둘 가슴을 찔러
언젠가 미치도록 황홀했던
하늘로 날아오르는
감성의 풍선을
톡톡 터뜨립니다

유치하고 촌스러워도
사람이라는 결정으로

누굴까

누굴까
겨울이 오면
생각나는 사람이

누굴까
겨울이 오면
보고 싶은 사람이

누굴까
겨울이 오면
함께할 사람이

누굴까
겨울이 오면
뜨겁게 안아 줄 사람이

사랑스런
그 사람이
지금 내 곁에 있다

가을비를 노래하자

가을비를 노래하자
아무 생각 없이
애잔한 그리움 하나로

깊은 묵상의 세계 아닐지라도
슬퍼지면 비가 친해지듯
계절에 순응하는
풀들의 세계는
겸손하게 빛바래져 가고
몸도 마음도 지쳐가는
세월의 시계 앞에 멈춰 선
올드한 감성일지라도
사랑은 여전히 살아있다
너무 뜨거워 델 뻔했던
부풀어 오른 심장 식혀 주려
그렇게도 눈물 뿌렸나

가을비를 노래하자

여전한 내 청춘의 심연에

후드득 떨어지는

가을비를 노래하자
그렇게도 눈물 뿌렸나
부풀어 오른 심장 식혀 주려

그대 있음에

그대 있음에
가을이 오는 길은
하늘 빛깔부터
구름의 흐트러짐까지
심상치 않다

주체할 수 없이 따가운
햇살의 입맞춤도
목덜미 파고들어 안아주는
황홀한 바람도
떨리는 사랑의 손길
하나 됨의 축제

저만치 멀어진 청춘은
이만큼 안겨진 추억 사진
하나씩 꺼내 보며
갈채 속 떠날 준비하는
순례자의 발걸음으로

오늘 살아있음의 의미를

무한 행복이라 노래한다

그대 있음에

그대 있음에
무한 행복이라 노래한다
오늘 살아있음의 의미를

우리 사랑

연둣빛 설렘
벌써 잠들어
국화 향기로
파란 하늘 흔들고
미치도록 눈 시린
오랜 시간 꿈꿔 온
소꿉놀이 마당
흙 내음 정겨운 그날
천국을 꿈꾸며
뒹구는 낙엽
예쁘게 밟아 주네
오늘이 그날

'샤라락 슈르륵 바사삭…'

추임새 필요하다
손 꼬옥 잡아주며

"고마워요

당신, 아름다워요

사랑해요"

고마워요 사랑해요
추임새가 필요하다

숨

누가 그랬나요
사랑이 시들어지면
우정이라고
차라리
사랑이 시들어 버린
연민이라고

눈물 흘리는
향기로운 추억과
꿈을 가져오는
한 마디 고백으로
남아있을 겁니다

그래서 사랑은
끝끝내 사라지지 않는
내 안의 숨입니다
아무리 아파도
아무리 힘들어도
언제까지나

그림자 사랑

달빛을 피하면
들키지 않을 줄 알았는데

세월의 무덤덤함이
설렘을 잠재울 줄 알았는데

아니었네
정말 아니었네
사랑은 한사코
그림자처럼 곁에 있었네
지워지지 않는 흉터처럼

그래서 사람은

생각 밖에 서 있어도
내 안에 있음으로
웃을 수 있고
삶은 충분히 아름답다
사랑은 그거야

어떻게 줄지 몰라도 좋아
가끔씩 가시로 찌르듯
눈물이 흘러 흐릿해도
언제나 그 자리 지켰으니
사랑은 그런 거야

침묵으로 눈을 감아도
심장은 이미 콩닥이니
마음의 빗장 덜커덩
여태 그래 왔던 것처럼
활짝 열어 마주하니
사랑은 그럴 거야

그래서 사람은

쌍방 과실인 거야

쌍방 과실인 거야
활짝 열어 마주하니

마음

온몸 아프게 하는
칼바람이었나

차라리 비 내림이었으면
우산을 받쳐
가로등 아래 서 있을 텐데
소심해지는 여린 다짐에
자꾸만 그리워지는
첫사랑 그날 부끄러움을
다시 찾아가고픈
기억으로 살아간다

나는 오늘도
사랑을 꿈꾸며
시를 쓰기로 했다
그대가 있으니
사랑은 아픔이 아니라
끝없는 황홀함이다

깨달음

바람엔 리듬이 있다
겨우내 얼었던 나무껍질
내리쬐는 햇살에
기지개 켜는 소리로 일렁이며
마음의 끄트머리를
툭툭 건드린다

사람엔 박자가 있다
잔잔한 마음의 호수
상상 한 번으로도
돌멩이 첨벙거리는 때림으로
깨어나기 싫은 꿈길을
쿵작쿵작 두드린다

알았다
천지가 개벽해도 언제나 좋은
날 살게 하는 바람 같은 사람

사랑 자장가

타향도 정이 들면 고향이라는데
마음 주고 눈물 주고
내 전부를 내어 준 사람은
처음부터 고향이었지
무조건 나를 품어 준

바람인들
하늘거리는 구름인들
가슴을 일렁이게 하는
잠 못 이루며
또박또박 편지 써 내려간
젊은 날의 기억을
고스란히 불러올 수 있을까

오 분 대기조 심정으로
이미 날아가 안았는데
인정 어린 두근거림은
눈치도 없이 고백을 늘어놓으며

눈감아도 알아차릴
님의 향기에 푹신 젖어
세상 하나뿐인 사람이라고
모른 척 기대 누워
흥얼거리는 사랑 노래로
자장가를 부르고 있다

사랑 풀이

겨울 바다가 그립다고
사람들은 왜 그렇게
감정을 쥐어짤까
파도의 울음 때문일까
검게 젖어버린 하늘 때문일까

모래 위 발자국 찍어도
이내 물살에 지워지고
새로운 꿈을 꾸어야 하는
생각으로 세워지는 모래성을
시린 얼굴 들이대며
그래도 사랑은 무너지지 않는
둘만의 약속이라 노래하면
자아도취의 현실이라 해도
부끄럽지 않은 진심으로
켜켜이 새겨지는
누구도 흉내낼 수 없는
식지 않고 덤벼드는 감성

사랑이 좋은 이유를 알았다
사랑은 무엇으로도 바꿀 수 없는
지금 여기의 진실이기 때문
대체 불가의 보물이기 때문

대체 불가의 보물이기 때문
사랑이 좋은 이유를 알았다

여수행 열차를 타고

새벽하늘을 열며
영등포역이 정겹다

따뜻한 커피 한 모금에
덜컹덜컹 열차
이미 철길을 내 달아
차창 밖 풍경을
기분 좋게 떠나보내며
마음 통하는 친구와
그냥 앉아 있기만 해도
좋아지는 기분

멈춰져도 좋을 시간인데
그럴 일은 없을 테니
하나라도 눈에 담아
가슴으로 시를 읊으며
마음 공책 펼쳐
사랑을 노래할 때가 되었다

생각 속에 담아온 동행

여행이라는 이름 걸고

시와 사랑으로 꽃피울 거다

모든 것이 추억이 될 테니

모든 것이 추억이 될 테니
사랑을 노래할 때가 되었다
마음 공책 펼쳐

백야항에서

바람이 따뜻하다

비 개인 하늘
옥색 바다 부러워
파란 물감 제대로 칠하고
하얀 파도에게
겁 없이 들이댄다

놀란 갈매기
잠수만 하는 물고기
그렇게 신기한 양
기적 울려대는
여객선 주위를 맴돌며
먼 하늘 아래
오래전 그리움 찾아
한 자락 노래로 끼룩이면
슬그머니 눈 감아
사랑 곁으로 날아가

모른 척 손잡아야지

아무리 체면 따져 봐야
사랑이 양반 될 수 없으니
사랑은 유치할수록 좋다
남자는 배
여자는 항구

백호산 올라

해풍 잔뜩 머금은
숲의 향기를 아는가

고스란히 느껴지는
봄을 기다려 온
고독의 외투 걸친
시대를 거슬러 가야 할
제법 세월 먹은 바위
헐떡이며 오른 시인에게
편안한 쉼을 주고
거부할 수 없는 시상을
사람에게 쓰라며
눈 아래 펼쳐진 비경에
넋 잃게 하는 절묘함은
사람을 그리워할 수밖에 없는
미친 뜨거움으로 달린다

사람은 숲이고

사랑은 하늘이다

출렁이는 바다는 물론이고

사랑 냄새 찾아 떠나는

행복 절정의 여행

정상을 품었다

여수(麗水)는 여수다

왜 고운 물인지 알았다
왜 여수 밤바다인지 알았다

여수에는 지독한 짠 내가 없다
여수에는 향기론 바람이 있다
여수에는 황홀한 불빛보다는
그리운 시의 숨과
은은한 노래가 물들어 있다

왜 여수에 가봐야 하는지 알았다
왜 여수가 아름다운지 알았다

여수에는 오동도를 덮어주는
파란 하늘이 있다
여수에는 온몸을 춤추게 하는
맛의 기쁨이 있다
여수에는 다시 보고 싶은 바다가 있고
다시 걷고 싶은 거리가 있다

사랑과 다시 와야 할 쉼터

절묘한 여수 밤바다 노래 타이밍

끝내주는 운치

여수는 여수다

왜 여수가 아름다운지 알았다

왜 여수에 가봐야 하는지 알았다

아픔

왠지 바보 같은 기분
아프다는데
나까지 아파지는 건
아프지 않은 날 기다리는
정말 바보 같은 기대
바보라도 좋다
아프지만 않다면
아파서 신음해도
괴로워 눈물 닦아도
그냥 내가 아픈 게
안심되는 희망

아픔은 사랑이다
아픔은 삶이다
아픔은 진실이다
아픔은 우리다
아파해야 살 수 있다

그래서 사랑이다

3월의 하늘은
끝도 없이 그리움을 내린다

작년 이맘쯤
개화의 눈부심이
그렇게도 부러웠나 보다

3월의 심장은
터질듯한 설렘을 부른다

오래전 이맘쯤
비에 젖은 따스함이
그렇게도 좋았나 보다

어디 3월뿐이랴
셀 수도 없는 동행의 날들은
오늘도 춤추고 있는데

낙화 연정

벚꽃 하얀 눈이 떨어진다
마음에 담기도 전
설국의 꿈으로 날리며
재회의 날 약속하고
아낌없이 뿌려주는 영상
시리고 또 시린
사랑의 열병을 고착시킨다

청춘 별곡 연주하듯
아린 가슴 쓸어 담아
봄비에 젖은 연가
눈물에 가득 담아
목메어 애달픈 고백으로
꼭 붙잡아 쟁여놓고
오늘도 그대 있으매
살았노라고 춤을 춘다

사랑으로 살아있다
충분히

그래서 산다

마음 내려놓을 곳
봄꽃 그늘 아래
젖은 마음으로
꾹꾹 눌러 시를 쓴다

넓은 벌 동쪽 그리워도
갈 수 없는 길이라면
향기에 얹혀
슬며시 코끝을 맴돌아
장미가 불러왔다고
잔인한 4월 달래며
볕 따스한 날
억지로라도 만들어
친구가 되어줄 거다

사랑 없이 못 사니까
사랑으로 살 수 있으니까

진실과 진심 사이

사랑에 빠지기

황홀경

사랑이라는 꽃

시작도 끝도

그래서 감사하다

그럼

물 같은 사랑

그럼 그렇지

사막에서

아쉬움인지 미안함인지

사랑이니까

사랑의 노래

사랑은 삶이다

그립다

신호등

진짜 사랑은

사랑 꽃 그대

그 후로도 오래

간병일기

봄을 노래하다

잘 늙어 가기

사랑은 이렇게

제3부

그래서 감사하다

진실과 진심 사이

가시는 상관없다
붉은빛 향기로
코끝을 자극하고
살가운 이야기 나누며
떠나려는 봄날을 붙잡는다

기억이 흐려진대도
가슴을 녹이고
숨차 오르게 달렸던
열정으로 흘린 땀 내음
빨간 장미 한 잎으로
구멍 난 그리움 덮어
그때 그 자리
눈물 흘린 채 담아 둔다

말하지 못해도
심장은 여전히 고백한다
사랑은 진행형이라고
후회 없는 뚜벅이로

사랑에 빠지기

천지가 별이어도
너라는 별 하나
동화 속 간지런 이야기처럼
자연스레 시 한 편으로
자리를 메워주고
바람에 부딪히는
잎들의 몸부림조차도
심장을 파고드는 울림이 되고
하루를 살았어도
행복했노라 웃어줄 수 있는
동행의 꿈길 들어서서
깨어나기 싫은 투정
장미 가시로 콕콕 찌르면
터져 나오는 하늘 향
헤어날 수 없는 늪이 되어
할퀴고 또 쥐어뜯어도
끝끝내 정신 못 차리게 한다

황홀경

누구를 위한 걸까
심장이 타들어 가는 듯
살인 미소의 마력은

아무 말 없어도
몸짓 하나 없어도
온몸으로 느껴지는
풋풋한 설렘의 파도
이미 신경을 마비시켜
바닷속에 가라앉혀
돌아가고 싶은 그 날
맘껏 꿈꾼다

숨겨져 있던 호수에
서서히 내려앉는 햇살로
윤슬이 미끄러지면
향기마저 헤아릴 수 없는
미치도록 아름다운

말로 다하지 못할
품고 싶은 사랑을 불러본다

그 미소 알았다
결코 잊힐 수 없는 열정이었다고

미치도록 아름다운
향기마저 헤아릴 수 없는
윤슬이 미끄러지면

사랑이라는 꽃

사랑이 좋다고
쉽사리 말하지 않는 이유는
뺏기고 싶지 않은
신비감 때문이고
사랑이 좋다고
자꾸 말하고 싶은 이유는
자랑하고 싶은
행복 때문이다

향기를 품은 꽃이
가슴 뛰도록 아름다운 건
아침 이슬 머금은
촉촉한 청초함 때문이듯
그토록 동행이 예쁜 건
사랑은 늘 그렇게
환희의 땀방울을
아낌없이 베풀기 때문이다

피었어도 또 피고 싶은

사랑은 언제나

꽃으로 살아간다

자꾸 말하고 싶은 이유는
사랑이 좋다고

시작도 끝도

하나둘 별을 세어도
가슴이 답답하면
달을 품어 주고

빗방울로 세수해도
개운하지 않다면
찬 바람 가슴으로 안아
옷고름 풀어헤치고

걷고 또 걷다 보면
달리고 싶은 맘 사라져
그냥 널브러지고
늘어지게 늘어진 생각은
잡념을 내던지며
사랑이라는 두 글자로
오늘을 살아가고
또 내일을 살 수밖에 없다

살아보니
또 살아가도
사람만 한 게 없을 테니
별도 달도 비바람도
사람 앞에선
아주 작아지는

또다시 시작도 끝도
사람이다

그래서 감사하다

남들이 내게
사랑 얘기 징그럽게 한다고
지겹게 타박하는데
싫지 않은 이유는
내가 살아있으니 그러겠지
그래서 감사하다

사랑의 진짜 맛을 안다면
사랑이라는 말은
매일 듣고 또 들어도
행복한 울림일 텐데
사랑이 지겹다는 건
감성도 죽었고
빛도 잃었기 때문이지

아직도 고백할 수 있으니
사랑이 두근거린다
그래서 감사하다

그럼

향기를 느낀다면
그럼 내가 있는 거야

멀리 있다고
허공이라 말하지 말고
여기 내 가슴 속에
채워진 고백이라 여기면
그리움은 숨넘어가는
끝없는 밀어가 될 테니

흘리지 못한 눈물
한 줄기 빛으로 내린다면
그건 분명히
서로를 갈구하는
심장 뛰는 소리가 될 테니

눈감아도 보인다면
그럼 네가 있는 거야

물 같은 사람

물 한 모금에
추억의 날 돌아오고
물 두 모금에
눈물 한 방울 담아
물 세 모금에
꿈꾸면
물 네 모금에
웃음을 띄워주고
물 다섯 모금에
오늘이 왔다

물 여섯 모금에
너를 보고
물 일곱 모금에
눈동자 마주치면
물 여덟 모금에
불꽃이 피어나
물 아홉 모금에

손잡아 주고
물 열 모금에
우리는 하나가 되었다

그럼 그렇지

사랑 얘기하는 게
너무 진부하다고
찡그리는 사람
사는 게 뻔하더라
그럼 그렇지

사랑 얘기 그만하고
좋은 일 없을까
화제를 돌리는 사람
사는 게 그렇더라
그럼 그렇지

누가 뭐래도
사랑 하나로 충분하다고
격 없는 웃음을 주는 사람
사는 게 다르더라
그럼 그렇지

현실을 보아도
내일의 꿈을 보아도
사랑의 선물이라고 노래하는 사람
사는 게 뭔가 있더라
그럼 그렇지

그럼 그렇지
나는 오늘도 사랑으로 산다
그럼 그렇지

사막에서

성큼 다가온 그리움
라스베이거스 레드락 빛깔로
심장을 붉게 녹이며
눈이 부셔 죽을 것만 같은
새파란 하늘은
온통 설렘으로 가득하다

계절을 잃어버린 사막은
뭉게구름까지도
아득한 솜사탕으로
한가득 눈을 호강시키며
바다 건너에서 기다리는
사랑의 숨결을
기분 좋은 열기로 데리고 온다

그래서 누군가 그랬나 보다
사랑은 어느 정도 광기가 있다고
하지만 어느 정도 이성이 있다고

그 무엇이든 사랑은

한마디로 말할 수밖에 없다

언제나 그랬듯이

사랑 하나로 충분하다고

사랑 하나로 충분하다고
언제나 그랬듯이

아쉬움인지 미안함인지

큰맘 먹고 떠나온 여행
함께하지 못하는
눈물겨운 질투를 아파하고
마음으로 선물 가득 담아
만날 날 손꼽아 기다리며
오늘을 시작한다

내내 아쉬움을 말 못 하는
나만의 열정이 미안하고
죄 아닌 죄 같은 건강이
사치스럽게 느껴지는 건
잘못 아닌 잘못으로
입 굳게 다물고
불 꺼진 방을 잠재우며
째깍째깍 흘러가는 시간은
튼튼한 심장과 두 발
초롱한 눈과 뇌를
어느새 꿈속으로 데리고 간다

사랑을 만나야겠다

꿈이라는 것이 아쉽지만

꿈이라는 것이 아쉽지만

사랑을 만나야겠다

사랑이니까

아름다운 사람은
침이 마르도록 얘기해도
맑은 눈으로 웃고
삐걱거리지 않는
고요한 마음의 반짝임
영혼 토닥이는 한마디
지루하지 않은 향기로
오늘을 살아가는 꽃이다

짧게 살든 길게 살든
마음 한편 고마움 있다면
여전히 사랑은 온기로 남아
하늘이 닫히는 날에도
신성한 눈물로 달려가
볼이라도 부벼줄 테다
사랑이니까

사랑의 노래

사랑은
여름에도
겨울을 노래한다
온기 넘치는
그대의 품을

사랑은
겨울에도
여름을 노래한다
상큼한 파도 같은
그대의 손길을

여름엔 발라드로
겨울엔 로큰롤로
사랑은
노래를 쉬지 않는다

사랑은 삶이다

사랑은 환상이 아니다
아픔을 온몸으로 느끼며
눈물로 슬픔을 말하고
함께 손잡아 주지 못한
사무치는 그리움은
그냥 외로움일 뿐이다

이유 없는 아픔은 없다
먼저는 살아있음이고
다음은 사랑하기 때문이다
아무 생각 없이 살았다면
꿈은 언감생심이다
생명은 한숨이라도 내쉬니까

언제든 대답할 준비
삶의 행복을 알려 달라고 하면
자신 있게 말해 줄 테다
산 사람이 웃을 수 있고

살 사람이 사랑할 수 있다고

오늘도 사랑 하나로 충분하다
살아 있으니까

살아 있으니까
오늘도 사랑 하나로 충분하다

그립다

사랑이 그립다
보고 싶어 진물나도록
사랑이 그립다

보고있어도 왜 보고 싶을까
눈에 보이는
그 모습이 아니라
가슴을 헤집어 놓고
파도라는 친구 앞에
촉촉한 땀방울 내어놓은
행복이라는
구름 위를 걷는 노래
그리고 따스한 숨결 때문

사랑이 그립다
보고 싶어 죽을 것 같이
사랑이 그립다

신호등

밤이라는 시간이
솔직한 심장을 주니 좋다
살아가며 아주 가끔은
투덜이로 짜증나도
날 웃게 해 줄 네가 있어
그리움을 토닥이는
삶이 아름답기만 하다

시련의 계절
거울 앞에 세워
사랑이라는 직진 신호등 켜고
비 내리는 날 우산이 없어도
사랑이 우산이라는 고백으로
바람 불어도 꺼지지 않는
희망의 꽃 피어나는 정원으로
아픔의 빨간 불 들어와도
달리고 또 달리는
파란 낙원이 되었다

진짜 사랑은

청춘의 날 두근거렸던 가슴
세월의 날개가 접혀가도
여전히 뛰는 것은
사랑이란 놈 때문입니다
언제라도
무엇이라도
다 해주고 싶은 설렘이
웅크리고 있기 때문입니다

확인해서 얻은 사랑은
눈이 어두워지면 떠나고
무언가 좋아서 다가간 사랑은
짜증 난 표정에 도망갑니다

세월의 무게가 있어도
순결함을 꿈꾸다 보면
이상은 상상이 아닌
지금 여기 따스함으로

무작정 안기는 죽음보다 강한 사랑

입맞춤 하나만으로도

충분한 삶을 잘 살았다고 노래합니다

감사함으로

그리움으로

충분한 삶을 잘 살았다고 노래합니다
입맞춤 하나만으로도

사랑 꽃 그대

심장에 걸터앉은 애틋함
이리저리 치인
하늘 구름의 조각들은
주름살 깊이 패여
세월의 흔적을 넘나드는
사랑스런 자국들

눈물겹지만
웃을 수 있음은
거친 세파에 부식된
감사의 노래로 들리는
행복이라는 끝없는 선물

겨울다움의 상징
꽃처럼 피어나는 눈송이
달달한 밀어에 녹아들면
어느새 붉은 매화 피어나
햇살의 해맑음 품어

연두의 계절 부르는 노래
봄 봄 봄

지나간 겨울 삭풍도
달짝지근 입맛 다시는
양지바른 빛살 좇아가며
그렇게도 예쁜 향기 토해내니
그대
두 말 필요 없는 사랑 꽃이로세

그 후로도 오래

심장의 피 울음소리 높여 울어도
부끄러운 봄을 재촉하는 햇살은
슬며시 마음을 훔쳐보며
잔잔한 마음에 바람을 일으키고

힘겨운 철새 날갯짓
희미해지는 노랫소리 토해낸
석양의 빛깔은 검붉게 피어나
찬 겨울을 보내고도
뜨거운 가슴을 주체하지 못하는
그리움으로 태어난다

알지 못해 알지 못하는
추억과 눈물의 상관관계가
어스름 달빛 차오르는 날에
견딜 수 없이 보고 싶다는
잠꼬대 같은 외침으로
잔잔한 호수에 돌을 던진다

간병일기

창밖엔 함박눈 내리고
못된 녀석 떼어 낸
흰머리 소녀는
잠이 부족했는지
아프다며 꿈나라를 재촉한다

오래전
나쁜 녀석 떼어 내려고
병원 신세졌을 때
침상에서 쓴 시를 뒤적거려
다시 읽어보니
누군가에게는 오글거리는
사랑 타령이었다

그때나 지금이나
누워있는 자리만 바뀌었을 뿐
하늘도 그대로
사람도 그대로

마음도 그대로

한 장의 추억 앨범 만들어지는 곳

여기는 이대서울병원

9203호 병실

사람도 그대로

하늘도 그대로

누어있는 자리만 바뀌었을 뿐

봄을 노래하다

있는 듯 없는 듯
창밖을 내다보기 전에는
만날 수 없었던 눈 녹은 하늘

아직인지 벌써인지
걸어보기 전에는
느낄 수 없었던 따듯한 바람

그림일까 사실일까
셔터 눌러 저장하기 전에는
향기도 빛깔도 없었던 들꽃

꿈이어도 소망이어도
사람은 어김없이 아린 가슴 울리는
심장 뛰는 봄의 교향악

호수공원에 봄이 그렇게 왔다

잘 늙어 가기

처음 가는 길인데
두려움보다 눈물이 나는 건
이곳저곳 몸이 아파서
괜스레 서럽고

연락 없는 친구 그리움에
잘들 살고 있을 테지만
안부를 묻기에도 힘에 부친
귀찮은 노동이 되었나 싶어
남모르게 서글프고

누린 세월보다
누릴 세월이 짧을 테지만
좋은 날 생각하면
자꾸만 눈물이 흘러
길게 머무르지 못하고
돌아보며 달려 웃음 짓고

욕심 없이 미련 없이
맑은 그리움 하나 간직하여
여기까지 살아왔으니
뭐든 다 알고 이해할 줄 알았는데
아직도 줄 것 남아있는
내일의 희망으로
한 살 만큼씩만 늙어가기로

사랑은 이렇게

그리움 달래보려
하늘을 바라봐도
별은 여전히
힘없이 반짝이며
심장을 녹인다

꿈길로 추억을 불러오는
빈 바다 그곳으로 달려
변함없는 그 자리
사랑 하나로 충분한
나무가 되고 싶다던 고백
마음 공책에 꾹꾹 눌러 써서
처음부터 지금까지
미쳤다는 소리
기분 좋게 들을 테다

사랑의 표시로 보여 준
뻥 뚫린 가슴 내밀면서

특별 부록—정영숙 시선 詩選

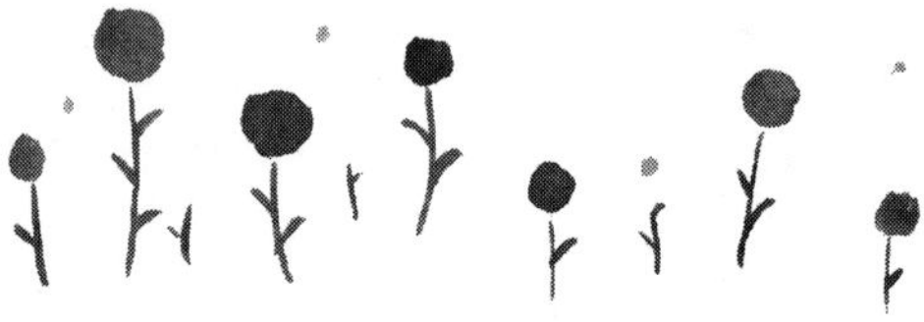

어머니를 모셨습니다.

올해 95세입니다.

자식을 10명 낳으셨습니다.

오래전 2008년에 『그날을 기다리며』라는 제목으로

시집을 출간하시기도 했습니다.

약소하지만 5편을 뽑아 『시와 사랑 9집』을 출간하면서

싣고 싶었습니다.

투박한 글솜씨지만 많은 깨달음을 주는 아름다운 글입니다.

내가 시를 쓸 수 있는 동기부여를 해주신

정말 사랑스러운 울 엄마입니다.

참사랑

매이기보다는
매달리고 싶었고
바라보기보다는
안기고 싶은 심정이었지

이럴 때 하는 말
잉꼬부부라 한다
사람이 아닌 새일지라도
정다운 부부의 표상이 되어 있다

상대가 얼음장 같을지라도
뜨거운 사랑에는 녹아진다네
변질되지 않는 사랑이야말로
참사랑이라네

우리가 사는 방법

우리의 가문은 인스턴트가 아닌
진짜 사랑의 가문이기를 바란다.

신토불이와 같이 싱싱한 그 자체를 원한다.
여기에 응하지 않을 시 반드시 기합이 따른다.
장마 중에 먼지가 펄펄 나도록 맞을 준비가 되어 있는가?

현재로서는 그림자도 보이지 않으니
내가 할 일만 열심히 하면 된다.

낙하산과 얼굴은 펴지지 않으면 죽는다.
살기 위해서라면 펴져야 한다.

오로지 한 가지 방법은 활짝 펴져야 산다는 것!

물이 될 수 있다면

하늘을 바라보니 낮은 데로 향하고
앙상한 겨울 산수목에게 생기를 안겨 주는
물이 될 수 있다면

맑은 물도 받아 주고 탁한 물도 받아 주는
넓고 넓은 사랑의 바다와 같이
내 마음에 영원히 흐르는
물이 될 수 있다면

호흡의 매 순간이
천하 만민의 생명수가 된다면
원형에 담기면 원형이 되고
네모에 담아도 네모가 되는
그리고 겸손한 물이 될 수 있다면

세상에서 사는 동안
우리의 할 일이 무엇인가

마주치는 사람마다

예수님의 사랑을 안겨 주는

행복한 물이 될 수 있다면

물질 정보

이 세상 모든 사람들은
돈만 있으면 모든 일이
해결되는 줄 안다.

죽은 사람을 살릴 수 없는 이치처럼
돈 역시 사람의 넋을 빼앗는 주범이다.
붉은 눈이 물잔에 비치게 되었다면
생의 삶을 똑바로 살지 못한자로
인정할 수밖에

치우치기보다는 병행하는 모습이
정로를 향해 달려간다고 인정이 된다.

믿음 소망 사랑

믿음은 보이지 않는 것들의 실상이라 했다.
두 눈으로 확인을 하고도 믿어지지 않아
오리무중일 때가 있다고 한다.

천만의 말씀
결코 믿음은 모험이 아니다.
진정한 믿음 그 자체일 뿐이다.

소망은 누구에게나 있기 마련이다.
올바른 것이냐 잘못된 것이냐 사이에서 다를 뿐
만민이 모두 지니고 있는 것으로 알고 있다.
거짓 없는 진실한 참 소망,
천국의 소망이야말로 참된 소망이다.

사랑은 내 부모를 살해한 원수까지도
사랑하는 게 참사랑이다.
나를 사랑하는 사람을 사랑하는 것은

백점 만점의 사랑이 아니다.
용서할 수 없는 사람을 사랑할 때
진정한 사랑이다.
해결하기 어려운 사건이 이루어질 때
다가오는 쾌감이야말로 사랑이다.

믿음 소망 사랑
그 중에 제일은 사랑이라 했다.